LE ROUÉ VERTUEUX.

Hac itur ad ardua montis.

LE ROUÉ VERTUEUX,

POËME EN PROSE

En quatre Chants,

Propre à faire, en cas de besoin, un Drame à jouer deux fois par semaine.

Orné de Gravures.

A LAUSANNE.

1770.

AVIS
AU PUBLIC.

L'AUTEUR de cette utile Brochure, vouloit d'abord donner ſon Poëme tout fait ; le ſuccès de quelques ouvrages de ce genre, ornés de gravures remplies d'expreſſion & de nerf, l'avoit tenté : ce n'eſt pas qu'il ne ſe fût très-bien apperçû que, dans le nombre de ces ouvrages, quelques-uns avoient réuſſi pour eux-mêmes, d'autres avoient été beaucoup aidés par les gravures, & la plûpart n'auroient point eu de débit ſans elles ; mais il penſoit que rendant un ſervice au public & au bon goût, il auroit, peut-être, été mieux de le rendre complet.

Il fait des vers comme un autre, & il avoit commencé affez heureu-fement ; cependant les gravures avançoient, l'abondance & la ri-cheffe de fon fujet multiplioient fon travail fous fa plume ; il a crû, d'a-près cela, que pour ne pas retarder les bons effets que ce Poëme doit néceffairement produire, il feroit une chofe agréable, en le donnant comme il eft : une infinité d'autres raifons, également folides, ont

achevé de le déterminer. D'abord,
en n'y mettant rien , on n'en pourra
pas critiquer le ſtyle , il évitera les
applications malignes ; d'ailleurs ,
quelque bonne plume pourra s'exer-
cer & remplir , en vers ou en proſe ,
ce grand ſujet ; car l'Auteur eſt ſans
prétentions, & il verra , ſans jalou-
ſie , embellir & étendre ſes idées.

Trop heureux , s'il parvient , en
même temps , à étendre un genre
dont les premiers eſſais font tant
d'honneur à l'humanité & à notre
nation ! Puiſſe ce Poëme mâle &
vigoureux, achever chez elle , le

[4]

développement d'un germe de force
qui languiroit encore , sans la flam-
me philosophique qui lui a commu-
niqué sa chaleur !

REFLEXIONS ESSENTIELLES

DE L'AUTEUR;

En forme de Préface.

Ames fenfibles, lifez mon Poëme ; amis de l'humanité , venez verfer des larmes délicieufes fur les malheurs auxquels elle eft expofée ! Et vous Efprits legers , que rien n'occupe ; cœurs froids , que rien n'intéreffe, qui prenez l'agitation machinale pour le plaifir , qui changez toujours de place , parce que vous n'êtes bien nulle part ; qui le cherchez , ce plaifir , parce que vous ne le trouvez jamais ; continuez à nager dans le vide de vos idées : Vous n'êtes pas dignes de fentir & de vous affliger !

Je l'avouerai, j'ai peine à concevoir qu'au milieu de tant d'esprits sublimes, qui nous ont donné, dans le siécle dernier, des ouvrages très-passables, des poëmes assez beaux pour le temps, des tragédies assez touchantes, il ne se soit pas trouvé d'esprit assez mâle, de tête assez bien organisée, de cœur assez ferme, pour aller jusqu'où la philosophie nous amene aujourd'hui. On trouve bien dans Corneille quelques conspirations, dans Racine un peu de poison, dans Crébillon un souper assez barbare, dans Voltaire un fils qui ne laisse pas de tuer sa mere ; mais aucun de ces hommes, assez bons Poëtes d'ailleurs, n'a pû franchir la timidité, si ennemie du grand, & mettre sous les yeux des spectateurs le crime même & toute son horreur, si touchante cependant, & si capable de remuer l'ame : D'ailleurs, il ne nous ont tous parlé que de Rois, d'Empereurs, de Confuls que nous n'avons jamais vus ni connus, qui font morts il y a deux mille ans, & qui, par leur éloignement, font peu capables de nous intéreffer.

Car, enfin, comment veut-on qu'un honnête Bourgeois de Paris, un Philofophe, un Académicien, une Marquife, fi l'on veut, prenne plus d'intérêt aux malheurs de Cinna, de Britannicus, de Thyefte ou de Semiramis, qu'à ceux de fon menuifier, qui a boifé fa chambre, qui laiffe une femme & des enfans dans la plus affreufe mifere, & qu'on a cent fois vû venir chez foi? Notre cœur a fon optique, ainfi que notre œil, & les objets le frappent moins, en raifon de la diftance où ils font de lui.

Ce n'eft pas, cependant, que je veuille

déprimer ces hommes, que notre foibleſſe, ou l'habitude, nous ont fait nom-
mer *nos modeles*. Peut - être Corneille
eût-il été capable d'aller juſqu'où nous
allons aujourd'hui ; mais une fauſſe honte
l'a ſans doute retenu ; peut-être auſſi, &
on ne peut gueres en douter, les temps
n'étoient point arrivés, la philoſophie,
qui rend tous les hommes égaux, n'a-
voit point encore porté ſon flambeau
juſques dans les détours ténébreux de nos
ames ; on tenoit à mille préjugés plus
funeſtes les uns que les autres, on croyoit
qu'il n'y avoit de grand que les Rois &
les Empereurs ; de querelles intéreſſan-
tes, que celles qui s'élevent de nations
à nations ; de malheurs attendriſſans, que
ceux des grands, & de ſituations touchantes, que ſur le trône : on ne ſçavoit
point, comme aujourd'hui, amalgamer

adroitement les larmes à la gaieté , & la familiarité la plus commune , aux malheurs les plus compliqués de l'homme le plus ordinaire.

Oh ! divine Philosophie ! pourquoi nous avoir laissé si longtems dans l'erreur? Oh humanité ! est-il donc quelque chose qui puisse vous être étranger ? Tous les hommes ne sont - ils pas égaux à vos yeux ? Est-il des rangs , des conditions, des loix même , pour le cœur ? Le maçon , le vuidangeur , le menuisier , le galérien , ne sont-ils donc pas des hommes ? Eh , quelle femme de qualité ne rougiroit pas de refuser ses larmes aux malheurs qui accableroient la famille d'un de ces individus , & qui viendroient déchirer son cœur *paternel* !

Je sçais bien qu'il est encore des esprits étroits & des ames paresseuses, qui , par timidité, ou par une habitude dont ils ne se sont jamais rendus de raison, tiennent encore à l'ancienne méthode, veulent rire à la comédie, déclament contre ce qu'ils nomment la perte du goût, trouvent trop atroces des situations très naturelles & même très-fréquentes, crient que la vue de ces horreurs leur fait du mal, & qu'ils ne sont pas assez forts pour la soutenir.

O cœurs pusillanimes! avez vous donc oublié que le rire n'est rien qu'une convulsion du corps & un égarement de l'esprit; que la gaieté est la pâture des petites ames; que le philosophe, l'homme, en un mot, nourrit la sienne de la sensibilité qu'elle a pour les malheurs de ses semblables, pendant que le stupide vulgaire rit bêtement aux plaisanteries usées de Moliere, qui, s'il étoit aussi grand homme qu'on l'a pieufement crû jufqu'ici, a, fans doute, ri lui-même de la platte bonhommie de fon fiécle !

Difons le hardiment, le voile eft levé, le fiécle voit clair, le génie perce de tous côtés.

Je n'ai qu'un regret, c'eft de n'avoir pas donné l'exemple & fait le premier pas ; mais je me confolerai, en penfant que j'aurai contribué pour ma part à le foutenir.

Mon Poëme eft heureux, il eft noble, il eft vraifemblable, il eft touchant, je le dis, parce que je fuis vrai, & que l'homme vrai ne fçait point ufer de ces détours de la fauffe modeftie, qui porte toujours l'empreinte de la petiteffe & du menfonge.

Quoi de plus heureux, en effet, qu'un fujet qui préfente à la fois une femme

fidele, cédant aux impreſſions de la dou‑
leur la plus vive , pour un mari victime
de l'apparence ; & une fille tendre , mais
forte , trouvant dans ſon amour pour ſon
pere , un motif de conſolation & de joye
même , au milieu des chagrins les plus
cuiſans.

Un ſujet qui vous met ſous les yeux
la réalité de la vertu la plus épurée , &
l'image des crimes les plus atroces.

La joye pure d'un amant qui riſque tout
pour ſauver la fortune de ce qu'il aime ,
& le déſeſpoir le plus déchirant d'un fils
qui aſſaſſine un pere qu'il révere , à l'inſ‑
tant où ce vieillard malheureux venoit
partager , avec ce fils infortuné , l'hon‑
neur d'une action héroïque.

Un ſujet , enfin , qui raſſemble tout
ce que la fidélité conjugale , la tendreſſe
filiale , l'amitié , l'amour & le devoir

peuvent inspirer de grand & d'héroïque ,
& tout ce que l'erreur involontaire & l'é-
cès de la douleur & des remords peuvent
produire de plus funeste & de plus barbare.

Il est noble. Tous les personnages font
pieux , tendres , humains , vertueux.

Il est vraisemblable. Eh ! comment un
malheureux , pris sur le fait , enlevant,
la nuit, avec effraction , des effets qui ne
font pas à lui , donnant la mort à celui
duquel il a reçû la vie , & faisant rébellion
à la Justice , échaperoit-il à ses rigueurs ?

Il est touchant. Cœurs tendres , ames
vertueuses & sensibles, hommes de bien !
c'est vous que j'interroge ; répondez-
moi , si toutefois les sanglots n'étouffent
pas vos accens ! Têtes futiles , esprits lé-
gers , dont un mauvais bon mot excite
le rire imbécile ; cœurs glacés qui n'avez

jamais fenti , ce n'eft point à vous que je m'adreffe !

Je vous entends , d'après les admirateurs de la froide antiquité , d'après les enthoufiaftes d'habitude des Corneille , des Racine & de quelques autres , dire , fur parole , de mon poëme , que le fond en eft trifte , que les perfonnages en font bas , & peut-être , le fujet peu poëtique.

Eh , pauvres mortels , que la pouffiere des Boulevards aveugle , qu'un Violon de Guinguette fait courir en foule dans un falon de papier marbré , que des Phantômes de bois blanc ennyvrent de joie , & qu'un Singe a tranfporté de plaifir ; méritez-vous qu'on vous dife que le plus bel appanage de l'humanité eft de pleurer fur les malheurs de fes femblables ; qu'il n'eft point d'Êtres vils ni de conditions baffes aux yeux de l'homme fenfible ; qu'il n'y a de petit que le crime , & de grand que la vertu ; qu'elle trouve rarement ici fa récompenfe ailleurs que dans elle-même, & que des Dieux & des Démons font des refforts indignes de l'homme moral ? Eh! qu'importe la machine ? l'ame fenfible ne voit que les effets.

Montrons à notre nation de belles horreurs , familiarifons-la avec des crimes d'une certaine conféquence : les inconvéniens , s'il y en a , ne font-ils donc pas affez compenfés par le gain ? & refte-t'il du peuple dans un pays tout philofophe, & chez une nation guérie à jamais du rire & de la gaieté ?

Taifez - vous donc , petit effaim de créatures envieufes ; taifez - vous, automates incommodes , & ne cherchez point à détruire ce que votre petiteffe n'atteindra jamais.

ARGUMENT

du premier Chant.

MADAME LAFOSSE & *sa fille* Henriette *conçoivent le deſſein noble, mais dangereux, d'aller la nuit, ſur le grand chemin de Pantin, enlever le corps de leur mari & de leur pere, Vuidangeur ſans odeur, rue ſaint Martin, qui avoit été pendu l'après-midi, par un qui-pro-quo aſſez vraiſemblable.*

Déſeſpoir de la mere. — Plaintes vives contre le préjugé qui déshonore les enfans d'un pendu. — Réflexions ſublimes de la fille, qui en eſt enchantée, parcequ'elle tient à honneur d'être flétrie pour ſon pere. — Force d'eſprit ſurnaturelle des deux femmes qui ſéchent leurs larmes à la vûe du cadavre. — Elles l'enlévent en triomphe en le couvrant de leurs baiſers,

B

& l'emportent chez un Charretier de leurs amis, à la Villette, où elles le gardent jusqu'au soir, pour l'enlever sécrettement la nuit suivante.

Oh Crime!
oh consolante horreur! Chant Ier Pag. 19

LE ROUÉ
VERTUEUX.

CHANT PREMIER.

OH crime   !
                                         ;
              oh confolante horreur
                        !
                             oh paifible agitation
de l'ame
                   !

                             ?

          ,

          Dieux !

                   B ij

Ah ma fille !

les malheureux !

Oh ma mere !

,　　　　　,

;

?

,

!

,　　　　　;

dans la coupe

du malheur !

,

,　　　　　.

,

mais non....

,　　　　　,

:

,

?

les ſerpens.

,   ,

,

;

,   ?

,

puiſſent

les Furies

!

,   '   ,

;

,

que dis-je !

,   ,

,

,

?

Non

l'honneur

,

?

!

l'Amour

:

,

?

;

allons

volons

,

;

?

,

fon fein paternel

!

,

,

,

:

,

,

,

,

?

Oh fille vertueuse ! oh

;

,

,

,

quel méchanisme !

,

,

?

,

,

;

,

au cri de l'ame

!

,   ,

la douleur

du plaisir

,   ;

!

,   ,

,

;

!

Fin du Chant premier.

ARGUMENT
du second Chant.

MALACHIE, *Maître Garçon du dé-
funt, qui étoit resté chez M^{de} Lafosse,
dont il ignoroit le départ, inquiet de ne
la point voir revenir, va trouver Saint
Leu, garçon Maçon, dont le mariage
arrêté avec la jeune Henriette, devoit se
faire incessamment, lui fait part de son
inquiétude & de ses craintes, qu'aug-
mente encore un papier qu'un inconnu
vient de laisser à la maison.*

*Saint Leu apprend, en le lisant, que
la Justice doit venir le lendemain enlever tout chez M^{de} Lafosse, pour la con-
fiscation. — Fureur de Saint Leu. — Belle
tirade sur la Loi naturelle. — Déclama-
tion philosophique contre les Loix civi-*

les. — Colere forcenée. — Mots entrecou-
pés. — Tortillement de bras. — Silence
terrible, qui ſupplée à la foibleſſe de poi-
trine de Saint Leu. — Malachie le prend
pour un fou. — Calme apparent de Saint
Leu. — Il prend, en ſilence, un ciſeau,
des tenailles & un marteau, ſaiſit le bras
de Malachie, & l'emméne chez M La-
foſſe, réſolu d'enlever tous ſes effets pendant la nuit, pour en ſauver la perte à ſa
chere Henriette & à ſa vertueuſe mere.

Ah Ciel! qu'ai je lu ?

Chant 2ᶜ p. 31

LE ROUÉ
VERTUEUX.

CHANT SECOND.

Déja

lorsque

Que font-elles devenues ?

,

,

;

oh nature !

,

,

Loix trop

:

contre le fort

,

,

;

?

Cependant

,

!

.

,

,

!

où

,

?

,

Ah ciel ! qu'ai-je

lû ?

,   ;

,

Quoi !

,   ,

!

,   ,

Que la foudre

;

;

la bouche ouverte,

,   ,

,

Quoi!

,

?

,   ,

lorſque, tout-à-coup

;

,   ,

d'un bras formidable,

,

,

,

Non,

,

!

Enfers,

les

Élémens

,

rien

,

viens

?

,

,

!

Crois-tu

?

ah plûtôt

,

périsse

!

,

,

;

(   )

*   C

A peine

,

la férie

de fes idées

,

une lumiere obfcure

?

;

,

dans fon ame ténébreufe

,

?

,

:

l'horreur des ténébres

,

!

tantôt

,

;

tantôt

,

,

? Trois fois

,

,

trois fois

.

se dérobent sous

lui.

,

?

!   !

l'amour & la vertu.

Fin du Chant second.

C ij

ARGUMENT
du troisiéme Chant.

ARRIVÉE à la maiſon de M^{de} La Foſſe. — Embarras de Saint Leu & de Malachie, en trouvant les coffres & armoires fermez. — Conſeil entre eux. — Combat de l'amour & de l'amitié, contre la crainte des préjugés & la fauſſe honte; l'amour & l'amitié l'emportent. — Saint Leu force les ſerrures, fait des Ballots de tous les effets. — Malachie ſort pour aller chercher une charette. — Une voiſine, qui a entendu du bruit, croyant qu'on vole M^{de} La Foſſe, va chercher Saint Leu. — Ne le trouvant point, elle amenne le pere de Saint Leu, & ils vont enſemble chercher la garde. — Le guet inveſtit la maiſon. — Le pere de Saint Leu, à la tête d'une eſcoüade, fond dans l'appartement.

— *Le guet veut arrêter Saint Leu qu'on prend pour un voleur.* — *Il se défend avec fureur.* — *Tue d'un coup de marteau son pere qu'il ne reconnoît pas dans la bagarre, succombe sous le nombre, & est trainé dans les prisons, après qu'on l'a désarmé, pour le sauver de sa propre fureur.*

. . . . *Les Entrailles* . .

. . . . . *rien* . . . .

Chant 3.ᵉ Page 42

LE ROUÉ
VERTUEUX.

CHANT TROISIEME.

un morne silence

la pâle lueur

ame foible, tu balances !

?

dis-moi

,

non

,

;

toutes les puiſſances combinées

oh délicieuſe Henriette !

,

;

.

Vas !

,

?

Cependant

,

?

venez

!

A ces mots

,

Déja

,

le fer brille

!

?　　　　　　arrêtez

barbares !

!

la rage

oh fureur!

!　　　　　　　　　　,

. L'éclair

,

Soudain

,

baigné dans son sang

,　　　　　　　　　,

!

,

oh nature !

,   ,

les entrailles

,

? rien

oh vieillard

!

qui donc

?

,

,   ?

les cris

,

,

,

Enfin

,   ,

!

,   :

.

Oh vertu   ,
            ,   ?
                    ;

                            :

un cachot infernal

                            ,

            !

                    .

Fin du Chant troisiéme.

ARGUMENT

du quatriéme & dernier Chant.

DESCRIPTION *de la prison. — Mo-*
nologue de Saint Leu. — Ses remords.—
Sa fureur. — Son esprit s'egare. — Phan-
tômes qui le tourmentent. — La Philoso-
phie le console. — On instruit son procès,
on le condamne à la roue & on l'exécute
le même jour à la Porte Saint Martin.

Retour de M^{de}. Lafosse & de sa fille
Henriette. — Douleur incroyable qu'elles
éprouvent à la vue de Saint Leu expirant.
— Henriette perce la foule, se jette sur le
corps de son amant, après s'être frappée
de trois coups de couteau. — Pendant que
sa vertueuse mere, qui voudroit voler à son
secours, expire de douleur entre les bras
des soldats, qui la retiennent. — Beau
discours du Bourreau, sur l'incertitude des

jugemens humains , & ſur la vertu cou-
verte des apparences du crime.

.... *Le Crime et la Vertu*

Chant 4.ᵉ Page 52.

LE ROUÉ
VERTUEUX.

CHANT QUATRIÉME.

Dans un

,

,

Les crapaux

,

une éternelle nuit

!

Là,

;

phantaſtiques enfans

,

la

cervelle de l'homme vertueux !

,

? oh !

oh ! oh !

.

Mais pendant

,

la noire

,

on

on on

& déja

,

le crime

,

de la vertu.

Quelle fera

?

?   ?

. A peine

,

le feu

,

Monſtres vomis de l'Enfer !

,

,   Non ,

,

non   non

,

! Elle dit

,

cher

!

,   ,

à jamais

,

?

D

,

(,   )

.

Ici la voix

                les sanglots

       ,

             oh !

         !

qui pourra

                   le sage

délire de la vertu ?

                      ?

       ,

        Mere trop

        !

Voilà donc

            ,

               ?

      ,

jamais

              puiſſe

oh !   ' oh !

              les pleurs

& le fang

            ,

            écoutez

       ,

      gémiffez

            !

finiffez

   !

          frémiffez

               !

mes fanglots

           la vertu

vos horreurs

                ,

                  oh vengeance

               !

        !

oh terreur

                  ! oh loix

          !

            Ah têtes

                      !

      ,

ah mort   !

              ,   ,

le crime & la vertu ?

Fin du quatrième & dernier Chant.